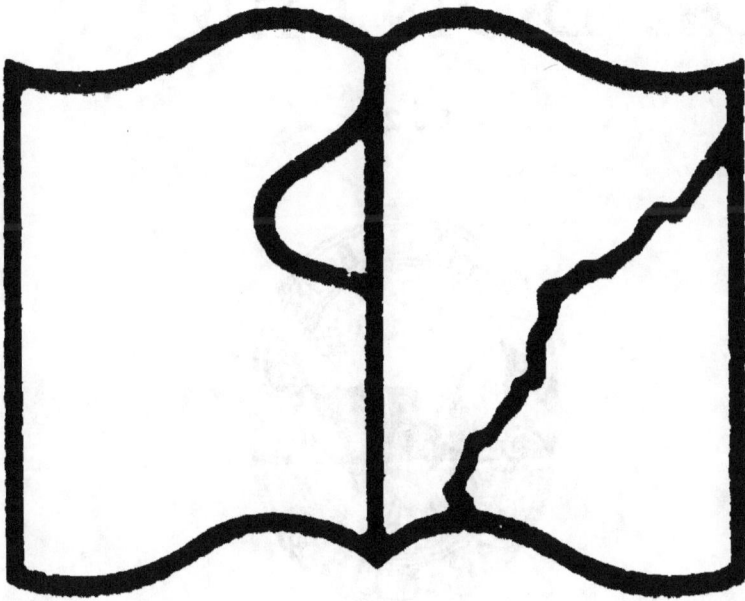

THÉATRE DE L'INFANTERIE DIJONNOISE

~~~~~~

LE RÉVEIL

DE BONTEMPS

1623

SPES·IN·LABORE

DARANTIERE

A DIJON

CHEZ DARANTIERE, IMPRIMEUR
65, Rue Chabot-Charny, 65

—

1887

LE
RÉVEIL DE BONTEMPS

1623

JUSTIFICATION DES TIRAGES :

100 exemplaires sur papier vergé teinté
5 — — du Japon
3 — — de Chine

THÉATRE DE L'INFANTERIE DIJONNOISE

LE RÉVEIL
DE BONTEMPS

1623

A DIJON

CHEZ DARANTIERE, IMPRIMEUR
65, Rue Chabot-Charny, 65

—

1887

PRÉFACE

Au siècle dernier une main chaste, armée de ciseaux pudibonds, a fait disparaître du *Réveil de Bontemps* toutes les parties grasses et salées, c'est-à-dire les parties éminemment bourguignonnes de cette pièce qui nous est parvenue ainsi émasculée ; or, la main qui a perpétré ces retranchements nous est connue, c'est celle de *Lucotte du Tilliot*, l'auteur des mémoires sur la Mère folle.

Il est vraiment heureux que Rabelais ait eu l'esprit de naître en Touraine et d'écrire en Français ! Son œuvre, si elle eût été composée en notre patois, risquait fort de passer par les ciseaux de plus d'un du Tilliot, et d'être, par

le fait, allégée d'un bon quart. Le joli sque-
lette que nous aurions là !

Mais d'où vient, parmi nous, cette fausse
race de Bourguignons ? Qui donc a engendré
ces frelons avides de manger le miel des
abeilles, en faisant petite bouche sur tels *co-
peaux* de digestion trop lourde pour leurs
faibles estomacs ? N'ayant pu éclaircir ce recoin
d'histoire locale, que, du moins, il nous soit
permis de répéter, après Béranger : « Mes amis,
soyons de notre pays ! » et n'ayons point de
ces hontes déplacées en face du large rire de
nos pères, qui éclataient, dans ce rire copieux,
jusqu'à faire sauter leurs *breuillô*, comme des
bondes de tonneaux ! Voilà ce qu'il faut sans
cesse nous répéter. A ces physionomies rubi-
condes, à ces bouches bien fendues, n'impo-
sons ni rétrécissements, ni pâles couleurs ; ce
serait les faire mentir et grimacer. L'*os rotun-
dum* des Grecs, adorable en son lieu, ne saurait
être de mise ici.

Il semble qu'avant du Tilliot on n'ait pas
connu cette vilaine engeance des faux Bourguignons, dont nous parlons ; depuis lui, l'es-
pèce s'est accrue. Dorine étouffe sous les
mouchoirs ! On met des feuilles à tout, partout.

Nous sommes devenus des Lynx en pudibonderie, et, quand nous lisons les conteurs et les
poètes de la vineuse Bourgogne, nous y voyons
des choses qui nous épouvantent. Priape nous
fait peur. Les grands myopes, si clairvoyants,
un Buffon, un Alexis Piron, riraient joliment
de nos airs effarouchés (1); ils nous pren-
draient vraiment pour des femmelettes, à la
vue de tant de simagrées.

Encore si les pieux émondeurs n'enlevaient
des arbres littéraires que la luxure de certains
rameaux par trop *frondoyants;* encore si leurs
amputations étaient faites d'une main légère,
on pourrait trouver quelque excuse à leur

---

(1) C'est Buffon, dont la tradition a fait un per-
sonnage grave et solennel tandis qu'il était un vrai
bourguignon bourguignonnant; c'est Buffon, di-
sons-nous, qui nous a conservé plus d'un bon
mot et plus d'une épigramme qui feraient voiler
la face à nos pudibonds. Grâce à lui, on connaît
cette épigramme d'Alexis: *Pégase constipé,* etc.
Que dirons-nous aussi de Bouhier, acceptant qu'on
lui imputât l'*Ode à Priape,* et de Charles III de
Brosses? Ceux qui ont lu, en manuscrit, les *Lettres
d'Italie* de l'illustre président, savent s'il était un
bourguignon pudibond.

cas ; mais ils estropient tout ! leurs épurations
sont sottes autant que maladroites. Voyez du
Tilliot. Veut-il conserver le texte en l'émous-
sant (au lieu de le faire disparaître, comme
cela lui arrive d'ordinaire), il s'arrange de telle
sorte que voilà le malheureux passage hébété
et rendu niais ou incompréhensible. Donnons
un exemple. On sait ce qu'il faut entendre par
une fille ou une femme qui a *les talons courts* ;
sans doute cette image, toute innocente qu'elle
est pour signifier une chose qui ne l'est guère,
aura choqué du Tilliot ; il s'est donc évertué
de la transformer, et voici ce qu'il en a fait.
(Nous sommes au début de la pièce du *Réveil
de Bontemps*, et c'est le 2e vigneron qui parle) :
Croit-on, dit-il,

> Qu'ai n'y o pu dé *cor tan ton*
> Qui fon *l'ôrraige* ai requelon ?

La substitution de *cor tan ton* et d'*ôrraige*
aux véritables mots du texte, donne à ce passage l'aspect d'un pur logogriphe. Si vous
ouvrez le manuscrit qui a dû servir à du Tilliot,
rien de plus clair que cet endroit. Le vigneron
y explique, en quatre vers, la mission satirique
des enfants de la *Mère Folle*, en ce qui con-

cerne la censure qu'ils font des femmes légères.
Croit-on, dit notre *Barô͜ai*,

> Qu'ai n'y o pu de maucoiffée (1)
> Ni de crevaisse au for dé fée ?
> Qu'ai n'y o pu de *cor taulion* (de courts talons)
> Qui fon l'*ôvraige* ai requelon ?

Tout le monde entend cela sans peine, le
texte une fois remis dans sa pureté. — Longue
serait la liste des vers estropiés ainsi (2) dans
l'édition du *Ré eil* qu'a publiée du Tilliot, et
c'est la seule édition que nous connaissions et
dont il a bien fallu se contenter jusqu'à ce
jour.

Mais notre travail ne s'est pas borné à rec-
tifier les passages faussés, d'autres avaient été
tronqués, d'autres omis (3) ; nous avons réta-
bli le tout. La pièce, de la sorte restaurée,

---

(1) Du Tilliot a supprimé ce vers, de sorte que
fée ne rime avec rien.

(2) Estropiés à dessein souvent, comme dans le
couplet sur les quatre chambrières, mais estropiés aussi par inadvertance et ignorance de la
langue, comme pourceaux *grands* pour *gras* ;
côvar pour *couard* ; *doigts* pour *toits*, etc.

(3) Une trentaine de vers environ.

peut-elle être considérée comme complète ?
Nous ne le croyons pas, et voici pourquoi.

L'auteur du *Réveil* (1) a conçu systémati-
quement son œuvre ; elle se déroule, en effet,
à la manière de ces pastorales qu'on nomme
des *Amébées*, où deux bergers se donnent la
réplique en des couplets alternés et égaux :
amant alterna Camenæ. Ici, les couplets sont
de quatre vers, et nous trouvons, d'un côté,
Bon-tems qui s'énonce comme toujours en
français, et, de l'autre, deux vignerons qui
parlent la langue bourguignonne. Ces deux
derniers interrogent le *Père Bontemps*, et cette
interrogation se fait par la sacramentelle for-
mule : « *N'é vo poin vu* (2) ? » A quoi, inva-
riablement, le *Père* répond : « *J'ai vu...* »
telle ou telle chose. Le « *N'avez-vous point vu* »
des vignerons est en soi comique, surtout
quand le contenu des couplets est gros de

---

(1) L'auteur pourrait bien être *Malpoy*, les couplets de cette pièce étant assez légers et tous de
quatre vers, comme l'est le *Menou d'or*, un petit
chef-d'œuvre de ce fin barôzai.

(2) Du Tilliot a mis *pa* au lieu de *poin* qui est
dans le manuscrit.

malices et de grivoiseries (1) ; cependant cette
tournure paraît monotone à la fin, car on la
prévoit, on la sent venir, et, l'imprévu cessant,
elle lasse ; son charme a disparu. *Nimis repe-
tita displicent.* On désirerait que le dialogue
fût coupé par une scène d'un autre genre, sauf
à reprendre plus tard son cours interrompu.
Quoi qu'il en soit, comme chaque acteur ne
dit qu'un seul couplet, partout où Bontemps
en émet deux de suite, on peut affirmer qu'il
y a entre les deux un double quatrain retran-
ché, formant la réplique symétrique des vignerons. D'après cette observation, nous devons
conclure qu'il manque encore seize vers au
Réveil, puisque, par deux fois, le *Père* lance
deux quatrains qui se suivent.

Delmasse trouve que les « *j'ai vu* » de Bontemps sont « autant d'allusions fines relatives
aux événements de l'époque. » Quelquefois,
sans doute, comme dans les couplets où des
Loups sans dents dévorent toutes les propriétés, où des *Harpies de cour* « sucent le sang
des bourses. » Mais, gardons-nous de nous

(1) La coupe de la chanson populaire : « *As-tu
vu la lune mon gars*, » vient peut-être de là.

aventurer au delà! Mal pourrait nous en prendre, ainsi qu'il est arrivé au pauvre Delmasse lui-même pour avoir voulu appliquer un quatrain (flatteur en apparence, ironique sans doute dans le fond) à M. Colbert, sans réfléchir que Colbert était encore en jupons vers 1622, puisqu'il n'avait que trois ans.

La manière solennelle et apocalyptique, la langue pleine de termes mythologiques, dont use Bontemps, semblent avoir été heureusement conçues par l'auteur, afin de faire contraster ce rôle avec celui des vignerons au ton jovial et bon enfant, et qui en dégoisent de belles! Cependant, l'obscurité des oracles que rend le grave Silène finit par impatienter nos *Barôzai*, et il nous semble que leur jugement, sur ce point, doit être aussi le nôtre. Pour eux, c'est philosophie, ou, ce qui revient au même, pur hébreu, tout ce que débite le Père :

> Morbei, qu'asson que di Bon-Tan?
> Tô son jairgon poin je n'entan.

Et nous donc! Aussi avons-nous omis une partie de ses « *j'ai vu.* » On les trouvera tous dans du Tilliot, si l'on est curieux de ce genre de régal. Les énigmes ne tentent guère, d'ordinaire, que les Œdipes; c'est viande creuse pour le reste des mortels.

Disons, pour achever, que cette sorte d'églogue satirique est encadrée dans des vers qu'on lira non sans plaisir, parce qu'ils nous révèlent certaines coutumes qui touchent à l'existence même du peuple dijonnais. Ce sont nos deux vignerons qui, en s'adressant aux spectateurs au commencement et à la fin de la pièce, nous initient à ces détails de la vie publique de nos aïeux. Nous tenons là, en quelque sorte, une page d'histoire rimée, et rimée en patois, ce qui ajoute du ragoût à la chose, et donne à la vérité une teinte de cette couleur locale si chère à l'école romantique.

Cette pièce se termine, comme celle des *Nopces de Bontemps*, par une chanson assez bien tournée ; malheureusement elle n'est pas en patois.

J. D.

Dijon, 7 février 1887.

LE RÉVEIL DE BONTEMPS

1623

PERSONNAGES :

Bontemps.
1er Vigneron.
2e Vigneron.

La scène est sur l'une des places publiques de Dijon.

~~~~~~~~

LE RÉVEIL DE BONTEMPS

1623

1er VIGNERON (1)

Je vai, je vein, je me pormaine (2)
Dépeu le jor dé bonne étraine,
Ai l'y é bé deu moy vou tan
Por charché lou *Peire Bon-tan.*
Bon-tan dépeu son mairiaige,
Dépeu qu'on l'é mi en manaige (*ménage*)
Lai vaille de Cairemantran (3)

———————

(1) Ce vigneron paraît être tout d'abord seul sur la scène, car il s'adresse au public et non pas au deuxième vigneron.

(2) Dans du Tilliot : *prómène.* Le *pormaine* du manuscrit vaut mieux.

(3) Ce passage doit faire allusion à une pièce du xvie siècle où l'on marie Bontemps à la fin du car-

2

— Qu'on no baillo du ri frian,
Du ri qu'on en locho son peulce,
Ma du ri por dezô lé queusse (1), —
On no-z-é Bon-tan recelai !
Qu'on no le rande aivô no plai
Por rejouï lai Meire-Fôle
Et tretô lé fô de son rôle.

2ᵉ VIGNERON

Croi-t'on que lai garre et lou tan
Peussein faire paidre Bon-tan ?
Que lé fô de l'Infanterie

---

naval. Il y a eu peut-être aussi, en 1622, une représentation intitulée *le Mariage de Bontemps*, comme il y eut, en 1636, *les Nopces de Bontemps*, pièce que nous avons naguère publiée.

(1) Ainsi on faisait de larges distributions de riz aux fêtes du carnaval ; c'était, sans doute, un reste des mœurs romaines. Les pauvres trouvaient leur *sportule* aux portes des riches et de certains couvents, et le peuple avait *du riz* et *les spectacles de la Mère-Folle* une fois ou deux par an. Ne se croirait-on pas à Rome sous l'empire ? Ce trait de mœurs méritait d'être relevé. Il en est d'autres analogues à celui-ci que le lecteur pourra y joindre en songeant à l'élection annuelle des maire et échevins de Dijon, élection accompagnée de *libéralités* au peuple.

Sein tô mor dan lai baiterie (*bataille*) ?
Que lou rouge, lou jaune et lou var (1)
Sein éjaulai (*gelés*) pendan l'hyvar ?
Que lé vieu Fô, et Fô nôvice
Sein tretô mor de lai jaunisse ?
Qu'ai n'y o pu de chairiô (2)
Por lai musicle ai (*et*) l'Oriô ?
Qu'ai n'y o pu de maucoiffée (3),
Ni de crevaisse (4) au for dé Fée ?
Qu'ai n'y o pu dé cor taullon (5)
Qui fon l'ôvraige ai requelon ?

1er VIGNERON

Tô cé jan lai boissein lai téte
Quan lé garrô faisein lai féte ;

---

(1) Ce sont les trois couleurs des enfants du père Bontemps et de la Mère-Folle.

(2) Le chariot de la Mère-Folle.

(3) Vers omis par du Tilliot. *Maucoiffée*, appellation donnée aux femmes de mœurs légères.

(4) La crevasse, terme souvent pris pour ce que vous savez. Le *for* (four) des fées se trouvait, dit Delmasse, sur la route entre Plombières et Dijon.

(5) On dit aussi *tanlon*. Les *talons courts*, expression lubrique. Ecoutons l'*Almanach des fols de 1610* : « Faiblesse de jarrets au sexe féminin et accourcissement des talons. » Voir aussi la chanson sur *Philis*, attribuée à Aimé Piron.

Ma, por celai, compeire Ancea,
Ai l'étein tôt en ein moncea
Qu'ai sé saicoutein en l'ôraille
Lou soir qu'ai l'allein en lai vaille
Vé lai ruê de sain Pheulebar,
Ma ai craignein lé-z-Heurebar,
Lé Lansquenai qu'étein su Sône
Dan dé baitea devé Auxônne
Et portan ai saivein tretô.

2ᵉ VIGNERON

Bon-tan éto dan ein crôtô (1)
Vé lai tor de lai pote (2) d'Oûche
Ecrepi ansin qu'eine mouche,
Qu'ai n'allo n'au marché, n'au bor (3),
Tan ai l'aivo pô dé tambor
De sé (*ces*) portou de portuzaine
Qu'aullein aipré lé Capitaine,
Mà tôjor queiqu'un de no fô,
Aivô (4) lou varre, aivô lou brô,

---

(1) Petit creux.
(2) La tour de la porte d'Ouche. C'est, dit Delmasse, la tour de Guise édifiée sous la Ligue et démolie au commencement de la Révolution.
(3) Le Bourg; aujourd'hui rue du Bourg.
(4) *Aivô*, avec.

Le veno voi por dezô tarre
Tan qu'é duré lai maule garre,
Por l'y faire passai lou tan
Et lou desangraignai (1) d'autan ;
Cé fô li disein mointe chôse
Su quei Bon-tan faiso sé glôse ;
Ma, peû que no-z-aivon lou tan,
Saichon d'ou ç'a que vein Bon-tan.

BON-TEMS

Je sors du profond des déserts...
Mais ores que l'air des tambours
Ne trouble plus l'heur de mes jours
Et que la Paix par la sagesse
Et le bras vainqueur de Louïs
Remettant au seps (2) la tristesse
Rend tous ses peuples réjouïs,
A vous je reviens, chers enfans,
En ma belle humeur de Bon-tems
Et pour vous conter des merveilles
Ouvrez seulement vos oreilles...

---

(1) Etre *graigne*, c'est être triste ; *désangraigné*,
c'est rendre gai, c'est tirer quelqu'un de la tristesse.
(2) Dans les fers.

J'ai veu au bout de l'Océan
Un jeune et valeureux géant
Mépriser les flots de Neptune
Et l'inconstance de la Lune.

1ᵉʳ VIGNERON

N'é vo (1) poin vû en eine chaire
Ecatrée quatre chambeleire (2)
Qui se faisein faire le poi
De lo chôse aivô ein razoi (3),
Don l'eine, mai foi, fu bé graigne
Quan on li côpi lai babaigne ?

2ᵉ VIGNERON

N'é vo poin vû, de tô coutai,
Dé fô moillé, dé fô crôtai;

------

(1) Syncope, pour *n'aivé vo.*
(2 N'avez-vous point vu dans une chaise (un lit?)
quatre chambrières *écartées* (Delmasse dit : *étandues, les jambes ouvertes*, et il a raison). Mais
comment ne s'aperçoit-il pas que du Tilliot a
altéré les vers qui suivent, en substituant le mot
tête à une tout autre chose !
(3) Vers estropié à dessein dans du Tilliot. On a
mis *de la tête* pour *de lo chôse*, en sorte que les
deux vers qui suivent sont incompréhensibles.

Dé fô fô du lon de l'année,
Dé fô fô por faire lai grenée (1) ?

BON-TENS

J'ai veu Saturne qui disoit
Que Jupiter le méprisoit
En voulant couper à sa guise
Les cheveux de sa barbe grise.

1er VIGNERON

N'é vo poin vû dé fô corran,
Dé fô qui son fô tô por ran,
Qui von du lon de lai riveire
Dépeû lé Chatreù ai Pleumeire (2) ?

2° VIGNERON

Dé fô, san rime ne raison,
Poché (*pêcher*) dan le cor de Suson,

---

(1) Faire *lai grenée* ou *laigrenée*, en un seul mot, paraît une orthographe de fantaisie pour l'*aigre nez*.

(2) Depuis les Chartreux à Plombières. — Le Suzon, petit cours d'eau où, en fait de poissons, on trouverait plutôt des œufs de Baleine, dit plaisamment Aimé Piron.

Dé brave fô qui on fai gille (1)
Et qui on passai por lai Tille ?

BON-TEMS

J'ai veu un Ours et un Lyon
Et des Corbeaux un million
Qui devoroient une charogne
Aux environs de la Bourgogne.

Ier VIGNERON

N'aivé vo poin vû, tô de vrai,
Soti du gran paquei de Brai (2)
Bé fô bezicley, dé fô louche
Qu'on é poché au crô de l'Ouche ?

2e VIGNERON

Dé fô don je seu tô ravi
Qu'on é poché darrei Lonvi,
Et dé fô tô du lon de l'aulne
Qu'on é pri tô frai dan lai Sône ?

---

(1) Il s'agit, sans doute, des Bourguignons qui passaient en Franche-Comté. — *Faire gille*, c'est prendre la poudre d'escampette.

(2) *Paquei, pâqui*, pâtis. *Pâquei de Brai*, situé à la porte Saint-Pierre (Delmasse).

BON-TEMS

J'ai vu Poliphème vaillant,
Dessus son troupeau surveillant
A qui les Pigmées, d'envie,
Otèrent la veuë et la vie.

1ᵉʳ VIGNERON

N'é vo poin vû dé fô tô ron,
Dé fô au cent, au carteron,
Dé fô qu'on vend ai lai dôzaine,
Soti de lai bôsse d'ein cheine ?

2ᵉ VIGNERON

Dé fô collar (1), dé fô réti,
Dé fô qui on bon aupéti,
Qui vende en moin de troi semaine
Lô bôticle et lô boïte plaine ?

BON-TEMS

J'ai veu d'étranges accidens,
Des Loups qui n'avoient point de dens

---

(1) Dans du Tilliot il y a *côvar*, ce qui ne signifie rien.

3

Dévorer les bois, les prairies,
Les maisons et les métairies (1).

1ᵉʳ VIGNERON

N'é vô poin vû darrei Vaisson
Dé fô qui pipein lo leson,
Dé fô bé qu'ai sein filôsôfle
Ai qui on é foaillé lé môfle ?

2ᵉ VIGNERON

Dé fô qui n'on jaimoi repô
S'ai n'on le groin autor dou brô,
Et qui, au boû de lai jônée,
Se laisse môdre au bou du née ?

BON-TEMS

J'ai veu des Harpies de la Cour
A l'aide d'un jeune Vautour

----

(1) La satire ici est manifeste ; les loups, sans
dents, sont des bipèdes qui dévorent, à l'aide du
fisc, les propriétés. Du Tilliot a eu l'esprit de
rendre ce passage inintelligible en faisant dire à
Bontemps :
  « Dévorer les bois et les *plaines*,
  Les maisons, les champs, les *fontaines !* »

Jusques-ici faire leurs courses
Et succer le sang de vos bourses (1).

1er VIGNERON

N'é vo poin vû de fô (2) vaillan
De qui lé fô se von raillan,
Qui pote dé gran quouē de quaisse
Qui ne fon po qu'ai dé lemaisse ?

2e VIGNERON

Dé fô qui son tan dérivai
Qui, de neu, baite lé paivai,
Peu von couché au cemeteire
Quant ai-l'on cassé lé vorreire ?

BON-TEMS

J'ai veu Atlas, etc.

---

(1) Bontemps, on le voit, continue la satire commencée dans le couplet des loups. Ici nous avons les harpies et le jeune Vautour suçant la sueur et le sang des pauvres gens dont ils vident la bourse.

(2) *Fô*, faux ; ce sont de faux vaillants, qui sont moqués par les *fô* (les fous). — *Qui pote*, c'est-à-dire lesquels faux vaillants portent. — *Lemaisse*, limaces.

1er VIGNERON

Evo (*avez-vous*) vû dé fô s'en aullan
Aivô Denize vé Taillan (*Talant*)
Qui n'aivô ran que sai fetaine (1)
Quant on lai prin dedan Fontaine ?

2e VIGNERON

Dé fô de neu, dé fô de jor,
Dé fô qui son devan lo jor,
Dé fô qui von ai lai Charmôte
Por piquai lou brô et lai môtte ?

BON-TEMS

J'ai veu des Dieux le plus avare, etc.

1er VIGNERON

N'é vo poin vû, do le maitin,
Dé fô tô vetu de saitin
Qui faisein redressai lo mambre
Por éne cheville de chambre (2) ?

---

(1) Futaine, étoffe employée pour faire des jupons. Cette Denise était court-vêtue, comme la Perrette du fabuliste, mais pour un autre motif que la vente de son lait.— *Fontaine,* petit village voisin de Talant.

(2) Vers remplacés par des points dans du Tilliot.

2ᵉ VIGNERON

Dé fô de çai, dé fô de lai,
Qui on le groin vormisselai,
Dé fô qui on boisé Suzanne (1)
Troi co ché lai patisseire Anne ?

BON-TEMS

J'ai veu Roland le furieux
Qui le cerveau ne s'alambique,
Et de voir n'est point curieux
Que Médor courtise Angélique.

1ᵉʳ VIGNERON

É vo vû ai droite, ai rebor,
Dou dessu et dou bà du bor (2)
Dé fô qui on prin lai callôtte
Pô du chaud de lai Chaipelôtte ?

---

(1) Du Tilliot en voulant rendre chastes ces deux vers, les a ainsi défigurés :

« Dé fô qui, méprisan Suzanne,
S'en von trinquai ché l'otesse Anne. »

(2) *Le Bourg*, aujourd'hui *rue du Bourg*. La *Chapelotte* (ou petite chapelle) faisait suite à la rue du Bourg ; c'est la rue Berbisey, qui tirait alors son nom de la chapelle qui s'y trouvait.

2ᵉ VIGNERON

Dé fô gra comme dé porcéâ,
Dé fô so (*secs*) comme dé paisséâ,
Dé fô triste et dé fô de joie
Qui foire faute de monnoie ?

BON-TENS

J'ai veu au son, etc.

1ᵉʳ VIGNERON

N'é vo poin vû ai lai sain Jan
Dé fô, ma dé fô, moitre Jan,
Dé fô qui satue (1) dé risée
Ai qui on fai mointe feusée ?

2ᵉ VIGNERON

De fô qui aulein san recor
Qui se sauvire en eine cor
De lai pô qu'ai l'eure en lai ruč
Voù ai faisein le pié de gruč ?

BON-TENS

J'ai veu un fol en grand colere
Et en extreme marrisson

_____

(1) Dans du Tilliot, on lit : *qui faison.*

De voir un malheureux Cerbere
Crever les yeux de sa maison.

1er VIGNERON

Aivo vû dehors (1) et dedan
Dé vieu fô qui n'on pu de dan,
Dé fô fondai su d'ancien titre
Et qui son dé fô les arbitre ?

2e VIGNERON

Dé fô ligei (2), dé fô pesan,
Dé fô qui vive san quezan (*souci*),
Dé fô qui son tô fô dé fille
Por to lé carre (*coins*) de lai ville ?

BON-TEMS

J'ai veu un second Prométhée, etc.

1er VIGNERON

N'é vo poin vû ein gran mantéà
Qui é prin (3) dé fô le chantéà,

---

(1) L'auteur oublie de temps en temps qu'il parle patois; il faudrait substituer *de feur* à *dehors.*

(2) Légers.

(3) Du Tilliot met : *pain,* ce qui rend le texte incompréhensible. Des fous *tristes* (au vers sui-

Dé fô triste et dé fô tô morne
Qui mainge dé patai de corne ?

2ᵉ VIGNERON, *s'adressant à son compère.*

Tu n'é pa fô épeluan,
Tu é ein fô graa et truan ;
Croi moi, gro fô, que tu te môque,
C'étein dé patai d'équivôque.

BON-TEMS

J'ai veu Apollon... etc.

1ᵉʳ VIGNERON

N'é vo poin vû d'autre coutai
Dé fô qui se fon écoutai,
Dé fô saivan et dé fô béte
Dépeu lé pié jeuqu'ai lai téte ?

2ᵉ VIGNERON

Dé fô penai (1) et glôriou,
Dé fô ai lame de vieu lou,
Dé fô qui n'on laitin ne glôse,
Dé fô qui ne rime qu'en prôse ?

---

vant) ; ce mot a été déjà dit plus haut. Au reste,
le terme patois est *greigne ;* l'épithète *triste* doit
être considérée comme un affreux *jantisme.*

(1) *Punais,* qui sentent fort, qui puent. Delmasse
dit : « *peunai,* punais (douteux). »

BON-TEMS

J'ai veu une provision, etc.

Ier VIGNERON

N'é vo poin vû de tô métei
Dé fô qui étein san chaistai (1).
Qui ne fon que daignai (*dîner*) et boire
Ché lou pleurou voù ché lai noire ?

2e VIGNERON

Dé fô rejouï, dé fô gaillar,
Dé fô qui son dé fô paillar,
Qui plante, le soir, dan ein porche
Deu cône z-en ein cô de broche (2) ?

BON-TEMS

J'ai veu une marmite d'or, etc.

Ier VIGNERON

N'é vo poin vû en cette vil'?
Sis fanne dé dan (*dents*) si haibille

---

(1) *Chaistai*, c'est-à-dire sans chasteté. Du Tilliot n'a pas craint d'allonger le vers d'une syllabe et de mettre *chairitei*.

(2) Vers remplacés par des points dans du Tilliot. Lire *proche*, et non *porche*, pour la rime.

Dépandre (1) ai lo côllation
Vingt quatre fran, ce diso-t'on ?

BON-TEMS

J'ai veu une dame en discours
Avec une sienne voisine
Du profit de sa bassé-cour
Et de l'ordre de sa cuisine.

2ᵉ VIGNERON

N'aivé vo poin vu cinq escharre
Qui maingire, é faubor sain Piarre,
En ein lôgi, onze couchon,
San le beu, le vea, le môton ?

BON-TEMS

J'ai veu une ville de glace
Où à peine verroit-on jour
Céder à Jupiter la place
Moitié par force et par amour.

1ᵉʳ VIGNERON

N'é vo poin vû en ceute ville
Dé jan ai parre (2) ben haibille

---

(1) Dépenser.
(2) *Parre,* ou *prarre* , prendre.

Qui por se sauvai fure aidroi
De gaigné viteman lé toi (1) ?

BON-TEMS

J'ai veu un gros milor de France
Sage, discret et bien apris,
Qui disposoit de la finance
Et si pourtant il n'a rien pris (2).

1er VIGNERON

N'aivé vo poin vû d'aivanture
Dezô lai tarre (3) dé monture
De Lucifar qui ne fon ran
Que boire et mau dire dé jan ?

---

(1) Les toits. On dit plus souvent, en patois, *étoi* que *toi*. Du Tilliot a mis : *lé doi*, affreuse coquille, sans doute.

(2) Ce couplet est épigrammatique. Delmasse, qui n'en soupçonne rien, a mis en note : « *C'est Colbert !* » Il est fâcheux pour Colbert qu'il n'ait eu que trois ans en 1622. — Oui, ce passage doit être ironique ; qui jamais a vu un *gros milor* maniant *la finance* sans qu'il lui en reste au bout des doigts ?

(3) N'oublions pas que, pendant la guerre, Bontemps se tenait caché sous terre, dans un creux, près de la porte d'Ouche.

BON-TEMS

J'ai veu un facheux Héraclite
Qui prend toute chose à l'envers,
Et le bon vieillard Démocrite
Qui se moque de l'Univers.

1ᵉʳ VIGNERON

Évo vû éne rantraïeuse (1)
Qui ai (*à*) rantraire â si heureuse
Qu'ai lai parruqueire *é* (*elle a*) prômi
Rantraire son chôse ai demi ?

BON-TEMS

J'ai veu Aristide forcé
D'une promte et juste colere,
Aiant lés Tritons terrassé,
Prendre pitié de leur misere.

2ᵉ VIGNERON

N'é vo poin vû ein groo marchan (2)
Qui ai sai legitime piéçe
Ne li peuvan faire ein enfan
E vela se prare ai sai niéçe ?

---

(1) Du Tilliot, par pudibonderie, a omis ce couplet. — *Rantraïeuse*, ravaudeuse.
(2) Encore un couplet omis par du Tilliot.

BON-TEMS

J'ai veu les irrités Destins, etc.

1er VIGNERON

Morbei, qu'asson que di Bon-tan ?
Tô son jargon poin je n'entan ;
Je ceude (*pense*) qu'ai l'a tô sauvaige.
Li é-ton épri ce langaige
En queique païs, vé lai mar ?

2e VIGNERON

Tô ce qu'ai di a ben aimar.

BON-TEMS

J'ai veu des Rodomons, etc.

. . . .

J'ai veu un Actéon qui voit
Souvent Diane toute nuē
Et si pourtant il n'aperçoit
Qu'il porte la tête cornuē.

1er VIGNERON, *s'adressant à son compère.*

N'é t'ai (1) poin vû Nostradameusse

---

(1) N'a-t-il point vu... (*Il*, c'est-à-dire *Bontemps*).
Du Tilliot met : *N'é tu*, ce qui rend inintelligible la
réponse du deuxième vigneron : *Tô çan qu'ai di*
(tout ce qu'*il* dit).

Qu'éto lôgé ché Jan Flaimeusse,
Patissei ai mitan dou Bor ?

2ᵉ VIGNERON

Tô çan qu'ai di vai ai rebor ;
En son pairôlai ne te fie,
Ce n'a ran que filôsôfie.

BON-TEMS

J'ai veu un Poëte (1) qui n'avoit
Mangé prunes de prophétie,
Et si pourtant il devinoit,
Sans y penser, en sa poésie.

1ᵉʳ VIGNERON

E vo vû eine daimoiselle (2)
Qui se single sô léz-aisselle
Aifin de ranflai sé tetin
Por meu étraipai lé mâtin ?

2ᵉ VIGNERON

N'évo poin vû dedan vo songe
Lai daimoiselle de venonge

———

(1) *Prête,* dans du Tilliot. *Poëte* et *poësie* doivent
se prononcer *poë-te, poë-sie,* deux syll.

(2) Les huit vers qui suivent ne se trouvent pas
dans du Tilliot.

Qui n'é que le cu et lé dan,
Qu'on besongne dessu eir ban ?

PON-TEMS

J'ai veu sur le bord de la mer...

. . . .

J'ai veu un faux conseil tenu
Pour mettre le monde en chemise
Et, à la fin, le rendre nud
Si Aristide n'y avise.

1er VIGNERON

Je voi bé que ça de Bon-tan;
Compeire, ai l'é le cœur contan :
Ma de tô ce qu'ai di, en songe,
Ai n'é tan vû de lai venonge.

2e VIGNERON, *au public.*

Se seré por le moi de mai
Que lé fô revarron (*reviendront*) tô gai;
Cependan je feron morvaille !
Bon-tan é lai côleur varmaille :
Vo le revouaré ai ce jô (*jour*)
Se réjouï aivô lé fô,
Corre le grei, voû bé l'anguille,
Tô desandée de file en fille.

1ᵉʳ VIGNERON

Seré dan lai plaîçe Sain Jan
Voù s'écraseron mointe jan (1);
Vo varré mointe mainigance :
Tretô lé fô corre lai lance,
Tiré contre ein homme de bô
Qui bailleré du poin au dô ;
Vo varré dire mointe chôse ;
Vo varré découvri lai glôse ;
Vo reconnoitrai que lé fô
Peuve et saive bé dire aitô.
Que tô lé fô n'i faisein faute ;
Je léz-y aissigne ai voi haute.
Ai dei vo di jeuqu'ai ce tan ;
J'aulon tô boire aivô Bon-tan.

----

(1) La représentation annoncée pour le mois de mai se fera sur la place Saint-Jean, où maintes gens s'écraseront pour voir et entendre. De ce passage on peut inférer que les représentations de la Mère-Folle se faisaient à tour de rôle sur une des grandes places de Dijon.

CHANSON

I

Voici le réveil de Bon-tems (*bis*) ;
Que tous les fols seront contens
    De voir l'Infanterie !

    Ref. Mes amis,
        Je vous dis
        Qu'à ce coup
        Tous les foux
    Reverront la folie !
        Mes amis,
        Je vous dis
        Qu'à ce coup
        Tous les foux
    Mèneront bonne vie !

II

Les fols ne sont plus endormis (*bis*) ;
Ils ont tous leurs chaperons mis,
   Ce n'est pas moquerie.
    Ref. Mes amis, etc.

III

Les fols ont toujours leur saison (*bis*) ;
Ils ne sont jamais sans raison
   Ni sans rimaillerie.
    Ref. Mes amis, etc.

IV

Les fols parleront librement (*bis*),
Et se plaidront à la Mamman
   Des tours de rusterie.
    Ref. Mes amis, etc.

V

Les fols ont du jaune et du vert (*bis*),
Et du rouge pendant l'hiver
   Pour boire à la folie.
    Ref. Mes amis, etc.

VI

Les fols demain s'assembleront (*bis*),
Et des couleurs vêtus seront
   De notre Infanterie.
   Ref. Mes amis, etc.

VII

Que tous les fols sur leur serment (*bis*),
Y viennent boire ensemblement
   Pour faire raillerie.
   Ref. Mes amis, etc.

SPES · IN · LABORE

D ARANTIERE

www.ingramcontent.com/pod-product-compliance
Lightning Source LLC
La Vergne TN
LVHW022210080426
835511LV00008B/1680